La Commune à l'Hôtel-de-Ville

MAXIME DU CAMP

Revue des Deux Mondes, T.33, 1879

TABLE DES MATIERES

LES NOVATEURS

I. - La manifestation des Francs-Maçons.

Malgré ses fanfaronnades, ses proclamations et les ordres du jour où elle affichait la certitude de vaincre, la commune était loin d'être rassurée. Elle se savait battue partout, sur les champs de bataille aussi bien que dans l'opinion publique. Elle avait beau chanter victoire, les jours de son existence étaient comptés; elle ne l'ignorait pas. Aussi ne repoussait-elle aucune des interventions qui s'offraient, dans l'espoir de parvenir à traiter avec ce gouvernement de Versailles qu'elle affectait de mépriser si fort, mais dont elle connaissait la puissance et dont elle redoutait l'action prépondérante. Il est donc fort probable que c'est elle qui, par ses membres affiliés, mit en oeuvre la manifestation maçonnique, manifestation restreinte à laquelle on essaya de donner un caractère menteur d'universalité et dans laquelle le gouvernement de l'Hôtel de Ville comptait plus d'un adhérent. En un mot, elle tenta de compromettre la maçonnerie tout entière et de la rattacher à la commune. Il est inutile de dire qu'elle échoua en ceci comme en toutes choses, car sa courte et trop longue domination sur Paris ne devait être qu'une suite de déceptions pour elle-même et de désastres pour la population.

Si les francs-maçons délégués étaient restés fidèles à leur devise pacifique, ils se le seraient tenu pour dit et en seraient restés là. Leur intervention toute fraternelle, tout humanitaire, déjà détournée de son principe par l'adoption du programme de la commune, avait échoué et ne pouvait aboutir à aucun résultat; ils auraient dû le comprendre et ne point essayer d'entraîner la totalité de la franc-maçonnerie dans la guerre civile. Le 24, les délégués, irrités de l'accueil qu'ils avaient reçu, firent le récit de leur mésaventure et convoquèrent pour le 26 avril une assemblée plénière de tous les francs-maçons présens à Paris. C'est alors que la commune s'empare, non pas de la franc-maçonnerie, mais du groupe libre penseur et dissident qui s'arrogeait le droit de la représenter. Au-dessous de la convocation on lisait la déclaration suivante: " En présence du refus du gouvernement de Versailles d'accepter les franchises municipales de Paris, les francs-maçons réunis en assemblée générale protestent et déclarent que, pour obtenir ces franchises, ils emploieront, à partir de ce jour, tous les moyens qui sont en leur pouvoir. "Plusieurs délégués avaient sagement refusé de signer cette provocation, entre autres M. Ernest Hamel, le plus connu d'entre eux. Il pouvait convenir, en effet, à quelques hommes honorables d'intervenir dans une oeuvre de conciliation, mais ils répudiaient énergiquement, par le seul fait de leur abstention, toute part, même indirecte, prise à la révolte.

Les convocations furent faites; celles du Grand-Orient par voie d'annonce dans les journaux; celles du rite écossais par lettre individuelle d'une rédaction singulièrement emphatique: " T.*. G.*. F.*., vous êtes invité à vous rendre... pour accompagner votre bannière qui, représentant la fraternité des peuples, va par sa présence protester contre la tyrannie et assurer aux générations futures l'avenir de la liberté. "Le rite de Misraïm ne fut point officiellement appelé; il ne fut représenté que par une dizaine de délégués dont l'un portait la petite tenue de sous-lieutenant d'infanterie. Le rendez-vous était fixé pour neuf heures du matin, et indiquait la cour du Louvre. Chaque loge avait sa bannière; chaque membre de l'atelier a revêtu les insignes de son grade. Les chevaliers rose-croix ont au cou le cordon rouge, les chevaliers Kadoches ont en sautoir l'écharpe noire frangée d'argent. J'étais là; j'avais voulu me rendre compte de l'importance de cette manifestation. Je me trouvais placé près d'un peintre de talent, nous causions; nous regardions ces bannières de toutes couleurs où s'étalaient des devises de fraternité qui avaient bien peu de raison d'être en ce moment; les étendards, les écharpes, les tabliers, les rubans formaient une indescriptible confusion de nuances déplaisantes; le peintre eut un geste très sincère de colère et me dit: - Je ne serai jamais franc-maçon; ces gens-là sont trop peu coloristes.

Si les francs-maçons qui ont cru devoir se mêler à cette manifestation derrière laquelle se cachait une déclaration de guerre adressée au gouvernement légal se sont imaginé qu'ils ont produit une impression sérieuse sur la population de Paris, ils ont eu de grandes illusions. On en a ri, et plus d'un quolibet les a salués au passage. On a parlé de leur nombre; on a dit qu'ils étaient cinq mille. Ce chiffre est extraordinairement gonflé; en le réduisant au moins de moitié, on fera encore une large part à l'exagération. Ce n'était point un cortège, comme on l'a dit; ce n'était même pas une troupe, c'était une cohue. Les gamins les regardaient et disaient: " En voilà des marchands de rubans ! "Les uns étaient à pied, les autres en voiture; autour des bannières, il y avait cependant quelques groupes compacts. Sur la place de la Concorde et dans les Champs-Elysées, ils trouvèrent une nouvelle foule de curieux qui, marchant dans les contre-allées ou se mêlant à eux sur la chaussée, les escorta jusqu'aux environs de l'Arc-de-Triomphe. Un obus vint éclater à l'entrée de l'avenue d'Eylau; la panique fut générale, tous les curieux décampèrent et quelques francs-maçons aussi. On eût pu croire que cet obus était un signal, car un combat d'artillerie terrible s'engagea immédiatement. Les batteries françaises de Courbevoie, les batteries fédérées de la porte Maillot et de la porte des Ternes ne ralentissaient pas leur feu. Les pièces voisines se mirent de la partie; de Montrouge à Saint-Ouen, les fortifications faisaient rage.

Les francs-maçons qui, au nombre d'une centaine, s'étaient établis en permanence dans une maison de l'avenue Wagram furent les premiers avertis de la déconvenue de leurs délégués. On discuta, et les avis furent partagés; les uns voulaient retirer immédiatement les bannières exposées sur les remparts; les autres disaient: Non, il faut les laisser, et prendre les armes si une seule d'entre elles est atteinte par " les projectiles versaillais. "Il me semble que l'on adopta un moyen terme afin de contenter tout le monde. La majeure partie des bannières fut enlevée le jour même, vers cinq heures du soir, peu d instans avant la reprise des hostilités. Quelques-unes restèrent plantées sur les fortifications jusqu'au 2 mai. Alors on les fit disparaître, et il n'en fut plus question Le major commandant la place Vendôme, Simon Mayer, qui fut, sur les buttes Montmartre, un des mieux méritans de la journée du 18 mars et qui, le 16 mai, devait précipiter le drapeau français du haut de la colonne de la grande armée, escorta la manifestation et fit son rapport au " général commandant la place de Paris: "- " J'ai constaté la présence des citoyens et frères Jules Vallès et Ranvier, ainsi que celle des citoyens Bergeret et Henry Fortuné (le vrai nom de celui-ci était Sixte Casse), tout s'est bien passé. Comme impression universelle, je dois dire à la gloire de la franc-maçonnerie que cette journée sera la plus belle page de son histoire."

La vraie franc-maçonnerie ne partagea point l'opinion du citoyen Simon Mayer, et elle protesta vigoureusement contre le rôle impie que l'on avait essayé de lui faire jouer. Quelques hommes considérables n'attendent pas que l'assemblée générale soit réunie; ils ne craignent pas, à cette heure où tout est péril pour les modérés, de flétrir les maçons qui ont compromis l'ordre tout entier, MM. Jules Prunelle, Malapert, Ernest Hamel, Beruniau, dans des lettres très fermes et de bon style, rappellent les dissidens au sentiment du devoir. Plus tard, aussitôt que les communications seront rouvertes entre la France et Paris délivré, dès le 29 mai, le suprême conseil du Grand-Orient adressera à toutes les loges de l'obédience une protestation formelle et motivée contre les actes coupables commis par des révolutionnaires qui ont tenté de rendre la maçonnerie solidaire de la commune.

II. - Les usurpations.

Tout en se montrant pleine de gratitude pour les hommes qui, comme Nourri, l'avaient modestement précédée dans la voie où elle devait marcher avec une ampleur dont rien n'effacera le souvenir, la commune ne témoignait aucun ménagement pour ceux de ses membres auxquels les superstitions du papisme n'étaient pas toujours restées inconnues. Dans la séance du 5 mai, le procureur général de la commune, Raoult Rigault, vint développer le cas du citoyen Pourille dit Blanchet. La commune avait, à sa manière, assuré toute garantie à la liberté individuelle, car elle avait décidé que lorsqu'un de ses membres serait mis en état d'arrestation, elle en connaîtrait immédiatement et recevrait un rapport à ce sujet. Raoul Rigault, scrupuleux observateur des lois, remplit son devoir et expliqua pourquoi Pourille était à Mazas. On soupçonnait depuis quelque temps que le nom de Blanchet n'était qu'un pseudonyme, et Théophile Ferré avait été chargé de faire une enquête à cet égard. Du procès-verbal qui fait effort pour singer les formes judiciaires et que lut Raoul Rigault, il résulte que Blanchet s'appelle Stanislas Pourille, qu'il a été secrétaire d'un commissaire de police à Lyon, puis capucin, et qu'il a été condamné à six jours de prison pour banqueroute simple. En conséquence, Pourille dit Blanchet est envoyé à Mazas par ordre du comité de sûreté générale: " Laurent, Th. Ferré, A. Vermorel, Raoul Rigault, A. Dupont, Trinquet. "Le reproche principal qu'on lui adresse n'est pas d'avoir servi la police de Lyon, d'avoir fait banqueroute, mais d'avoir " embrassé la vie monastique avec tout ce qu'elle comporte. "Capucin ! en vérité c'était trop pour des hommes qui dans leur manifeste avaient, proclamé la liberté de conscience. Blanchet ne pouvait continuer à siéger à l'Hôtel de Ville, il le comprit et s'exécuta: " Je soussigné, député à la commune sous le nom de Blanchet, déclare donner ma démission de membre de la commune. "Longuet dit sentencieusement; " L'élection était nulle ! "Ah ! si l'on avait regardé avec autant de soin dans le passé de tous les membres de la commune, on aurait fait de singulières découvertes.

La prise du fort d'Issy sonnait l'avant-quart de l'heure suprême. La commune en perd la tête; ne pouvant atteindre les hommes, elle s'en prend aux choses; aujourd'hui l'hôtel de la place Saint-George, demain la colonne de la grande armée, après-demain la chapelle expiatoire que l'on n'aura pas le temps de détruire. Je l'ai déjà dit, c'est le moment du grand effarement; à toute minute, on s'attendait à voir paraître les pantalons rouges; si après l'occupation du fort d'Issy l'armée française avait pu forcer l'enceinte, tout ce mauvais monde se serait éparpillé et enfui comme une volée de corbeaux. On lui laissa le loisir de se remettre, de préparer les élémens de la dernière lutte, et Paris fut près de périr. La terreur fut très intense. Je me souviens que le 11 mai, dans la soirée, je passais au point d'intersection du boulevard des Batignolles et du boulevard de Courcelles; tout était silencieux, désert et comme abandonné. Deux officiers fédérés, deux commandans arrêtés à causer à quelques pas de moi, se quittèrent lorsque je passai près d'eux. - Au revoir, dit l'un. - Ah ! cuiche ! répondit l'autre, au revoir au Père-Lachaise ! - Ou à Cayenne, répliqua le premier. - Celui-ci fit route près de moi, il grommelait: " Chien de métier, j'aimerais mieux être crevé; on ne sait à qui obéir, ils sont plus bêtes les uns que les autres ! "Se parlait-il à lui-même, me parlait-il, je n'en sais rien. Je me hasardai à lui dire: " Si le métier vous paraît si dur, pourquoi ne le quittez-vous pas ? "Il lâcha un gros juron et répondit: " Eh ! quand on s'est mis dans le pétrin, il faut savoir y rester, sous peine de passer pour un... poltron. Vous avez de la chance, vous, de ne pas être dans la bagarre; c'est égal, quand les Versaillais seront dans Paris, il y aura des pruneaux pour bien du monde."

III. - Les dernières séances.

Le 12 mai, pendant la séance présidée par Félix Pyat, - pour la circonstance, on ne pouvait choisir un président meilleur, - Léo Meillet fait un rapport qui relate minutieusement des faits de trahison reprochés à Emile Thibault et l'exécution de celui-ci Ce Thibault, garde à la 2e compagnie du 184e bataillon fédéré, avait été arrêté, revêtu d'un costume bourgeois, aux environs de la tranchée qui reliait la redoute des Hautes-Bruyères à la barricade de Villejuif. C'est un capitaine du 184e et une brave cantinière qui ont fait cette capture importante. Ramené à la redoute, interrogé par des officiers, il fut conduit au fort de Bicêtre et jeté au fond d'une casemate. Dans la nuit, peu d'heures après l'arrestation de Thibault, le fil télégraphique qui mettait en communication le fort de Bicêtre et les Hautes-Bruyères fut coupé; une colonne française fit une démonstration sur la redoute, et les gendarmes surprirent à la tranchée du moulin Cachan une compagnie de fédérés qui se gardait mal ou ne se gardait pas. On en conclut immédiatement que Thibault a fourni des renseignemens à l'ennemi. On réunit la cour martiale, on le condamne et on le fusille en présence des citoyens " Amouroux, Dereure, Meillet, membres de la commune de Paris, et de différens détachemens délégués. "On approuve Léo Meillet d'avoir donné cet exemple de sévérité salutaire, et nul ne pense à s'inquiéter si Thibault était innocent; il l'était, et voici la vérité.

C'est de cet assassinat travesti en exécution militaire que Léo Meillet rendit compte dans la séance du 12 mai. Cela mit toute la commune en veine, et elle résolut de faire une proclamation au peuple pour lui apprendre à quel danger il venait d'échapper. Ce serait à en rire, si le point de départ de cette sornette n'avait été la mort d'un innocent, et voici dans quels termes invraisemblables le fait du pauvre Emile Thibault est raconté: " Citoyens ! la commune et la république viennent d'échapper à un péril mortel. La trahison s'était glissée dans nos rangs; désespérant de vaincre Paris par les armes, la réaction avait tenté de désorganiser ses forces (les forces de Paris) par la corruption. Son or (l'or de la réaction) jeté à pleines mains, avait trouvé jusque parmi nous des consciences à acheter. - Cette fois encore la victoire reste au droit. "Dans ce placard, Rossel est qualifié de misérable qui a livré le fort d'Issy, et cela se termine par des objurgations qui promettent modestement un triomphe assuré.

On voulut absolument persuader à la population parisienne, qui n'en crut pas le premier mot, que l'explosion accidentelle de la cartoucherie Rapp était le fait de la trahison, qu'elle était due exclusivement aux manoeuvres monarchistes de Versailles, et qu'elle était le résultat d'un complot imaginé, dirigé, soldé par M. Thiers. On prétendit avoir reçu à la délégation de la sûreté générale, où rauquait Théophile Ferré, une lettre qu'une femme inconnue,

Qui ne dit point son nom et qu'on n'a pas revue,

Pendant que la commune continuait à discuter, le désarroi était aux avant-postes, que l'armée française refoulait avec vigueur. Sous prétexte de remettre un peu d'ordre dans cette confusion militaire, Delescluze, fidèle à son principe que l'élément civil doit dominer partout, fait voter par le comité de salut public une décision en vertu de laquelle des commissaires civils sont délégués auprès des généraux des " trois armées de la commune, "près de Dombrowski, Dereure; près de La Cécilia, Johannard; près de Wrobleski, Léo Meillet. Il est à remarquer que les trois généraux en chef de la commune sont deux Polonais et un Italien. En quoi consistaient les fonctions de ces nouveaux représentans du peuple en mission auprès des armées ? Le citoyen Johannard nous le dira. Le 10 mai il arrive à l'Hôtel de Ville; il n'aurait point quitté les avant-postes, s'il n'avait un fait important à révéler. Sa présence a produit le meilleur effet parmi les combattans, mais il ne s'agit pas de cela. On a mis la main sur un jeune homme qui portait des lettres aux Versaillais. Ceci n'avait rien d'excessif au moment où les communications postales entre Paris et la province étaient interrompues, où l'on cherchait toute sorte de moyens pour envoyer les lettres hors des fortifications. Cette simple réflexion n'a pas même effleuré la pensée de Johannard. Il raisonna ou plutôt il déraisonna tout autrement et se dit: " Cet homme porte des lettres; donc c'est un espion; c'est un espion, donc il doit être fusillé, "et il donna l'ordre de le passer par les armes, recevant pour ce fait d'énergique sagacité l'approbation du général La Cécilia et des officiers de son état-major. " Cet acte m'ayant paru grave, ajoute Johannard en terminant, j'ai cru devoir le faire connaître à la commune, et je dirai qu'en pareil cas j'agirai toujours de même. "Va-t-il s'élever une protestation ? quelqu'un demandera-t-il si l'on a du moins la certitude que ce malheureux était réellement un espion ? Non; mais Dereure, un cordonnier, à cheval sur les formes, s'enquiert si l'on a eu soin de rédiger le procès-verbal de l'exécution. Johannard répond oui, et Dereure est satisfait.

IV. - La délégation à la guerre.

Delescluze ne fut pas le seul que Rossel reçut en secret dans sa retraite. Vermesch, le rédacteur en chef du Père Duchesne, qui tirait alors à soixante mille exemplaires, et qui exerçait une très positive influence sur la population fécérée, Vermesch était resté en relation avec Rossel et allait souvent conférer avec lui en compagnie d'un troisième personnage qu'il est inutile de nommer; tout ce que nous en pouvons dire, sans le désigner plus clairement, c'est qu'il remplissait à la sûreté générale des fonctions qui ne manquaient pas d'importance. Tous les trois ils rêvaient d'escalader le pouvoir. Emportés par l'erreur de leurs persistantes illusions, il est probable qu'ils ont souvent évoqué le souvenir du général Bonaparte, de Talleyrand et de Fouché. Il s'agissait de soulever Belleville, d'en réunir les bataillons, de se mettre à leur tête, de s'emparer de l'Hôtel de Ville, d'en jeter les impuissans sous les verrous, de continuer la guerre pour son propre compte, de vaincre Versailles, - ce qui ne semblait pas douteux, - et de proclamer une république dictatoriale que l'on eût immédiatement escamotée à son profit. Rossel devenait consul, Vermesch ministre des affaires étrangères, et le troisième acolyte ministre de la police. L'aventure était périlleuse, mais dans le désarroi général où Paris se débattait alors il n'était pas absolument impossible qu'elle réussît Mais pour ne pas échouer honteusement, elle devait être menée par des hommes d'une indomptable énergie; or Rossel était un rêveur, Vermesch était un viveur sottisier, mais timide; restait le troisième personnage, trop subalterne pour prendre la direction du complot. On était cependant bien résolu à jouer cette grande partie: elle n'était pas encore entamée que l'armée française campait sous les fenêtres de Rossel, qui ne put l'apercevoir sans ressentir une émotion dont il a lui-même consigné le souvenir.

Il est extraordinaire qu'Edouard Moreau n'ait point résolument abandonné cette partie qu'il savait perdue; les renseignemens qu'il recevait de l'intérieur et de l'extérieur de Paris ne pouvaient plus lui laisser aucun doute à cet égard. Ceux qui l'ont connu, qui l'ont aimé, qui avaient apprécié les qualités excellentes dont il était doué, ont vu en lui une sorte de joueur ruiné qui met sa fortune et sa vie sur un dernier enjeu. Il était humilié de l'état de médiocrité auquel des revers, - mérités ou non, - avaient réduit sa femme et son enfant qu'il adorait. Il savait qu'en temps de révolution, la chance appartient au plus audacieux, au plus énergique, et que l'on peut souvent obtenir en quelques heures ce qu'une longue vie de labeur est impuissante à donner. C'est cela probablement qui l'a décidé à se précipiter dans cette aventure, et qui l'a engagé à y demeurer, lors même qu'il n'ignorait plus qu'elle était condamnée à une fin honteuse. Il était ambitieux de pouvoir, ambitieux de richesse; il voulut forcer la destinée; l'heure n'était pas propice, il en mourut, car, quoiqu'il n'eût encore que trente-quatre ans, il ne voulut pas survivre à l'écroulement de ses espérances.

En présence de l'encombrement des prévôtés et du nombre énorme (38,000) de prisonniers que l'on amenait de toutes parts on procéda comme au temps de la ligue et comme au temps de la convention. A cette heure où, sous l'impression des incendies de Paris, du massacre des otages, nulle pitié ne survivait dans les coeurs, il suffisait d'avoir pris une part active aux oeuvres de la commune pour n'avoir point la vie sauve. Ce fut le cas d'Edouard Moreau. Il ne chercha pas à nier son identité, que du reste révélait le passeport trouvé sur lui. Devant son nom, on mit un F. Une personne de ses amis qui l'avait vu arrêter l'avait suivi. Il marchait avec calme, la tête haute, le visage pâle, il fumait une cigarette et serrait de la main le revers de sa redingote, là même où il avait fixé l'épingle qui avait attaché les langes de son fils. Il reconnut dans la foule la personne qui le regardait passer et qui pleurait; il lui fit un signe de tête, puis il pénétra dans la caserne Lobau, d'où il ne ressortit pas.

MAXIME DU CAMP.

LES ADMINISTRATEURS

I. - La réaction.

Non-seulement ils avaient à contenir les effroyables instincts de la foule, mais ils avaient à repousser les conseils sanguinaires qu'on ne leur épargnait pas. A la commune faisant emprisonner les otages, emmagasinant le pétrole, déléguant Parisel à la commission scientifique, dévalisant les caisses publiques et souillant les églises qu'elle avait pillées, on écrivait pour lui reprocher de n'être pas suffisamment révolutionnaire. En dehors et au-dessous des sectaires de l'Hôtel de Ville, il y avait une bande de chiens enragés qui hurlaient et tiraient sur la laisse parce qu'ils voulaient faire la curée immédiate et complète. Avant même que la France fût rentrée dans Paris, on exigeait des exécutions capitales qui n'étaient point nécessaires, mais qui du moins eussent affirmé la pure tradition terroriste. Un sieur S. V., qui donne son adresse et s'intitule gradué en droit, écrit à Edouard Moreau pour le féliciter d'employer le style du calendrier républicain et de remplacer mai par prairial; puis il ajoute: " Puisque vous et vos amis vous prenez plaisir à votre tour à suivre les errements de nos ancêtres de 93, ce serait le cas, ce me semble, de renouveler la grande marmite épuratoire des jacobins, moins l'homme sinistre, si justement puni le 9 thermidor de ses aspirations à la tyrannie théocratique. "Cette lettre contient en outre une dénonciation qui ne resta pas infructueuse, car celui qu'elle concernait fut arrêté. Il serait excessif de dire que les chefs de la commune ont fait de la réaction, mais on peut affirmer qu'ils ont résisté souvent aux injonctions des plus violens; c'était leur intérêt du reste, car ils auraient été les premiers à disparaître, la tête en avant, par les fenêtres de l'Hôtel de Ville.

De ce qui précède il semble résulter que ces hommes ont cru faire de la réaction et être des conservateurs, parce qu'au lendemain du 18 mars, ou du 2 avril, date de leur premier engagement, c'est-à-dire de leur première défaite, ils n'ont pas massacré les détenus dans les prisons, et livré la ville au pillage. Certains hébertistes y ont pensé, il n'en faut point douter, mais, jusqu'au dernier moment ils ont été tenus en bride par les économistes dont, le groupe comptait des hommes comme lourde et Beslay qui sauvèrent la Banque de France, comme Vermorel qui protégea. Le Mont-de-Piété, comme Vallès, qui s'opposa à l'exécution des otages, et qui espéraient en défendant centaines administrations rendre leur insurrection tolérable. Ils échouèrent, parce que toute révolution penche fatalement vers la violence et y tombe. Ils avaient du reste un intérêt direct et pour ainsi dire personnel à surveiller, à diriger quelques grands établissemens qui pouvaient alimenter le budget aléatoire dont ils nourrissaient tant bien que mal la commune, le comité central, et l'énorme troupe de la fédération. S'il leur semblait insignifiant d'abandonner le palais de la Légion d'honneur aux déprédations de M. et de Mme Eudes, aidés de leur ami Mégy, il leur importait de soustraire l'octroi, le domaine, l'assistance publique, les chemins de fer, les compagnies d'assurance aux rapacités de la basse populace, - de la basse pègre, - communarde. Ils en régularisèrent le pillage; en un mot, ils l'administrèrent, et c'est en réalité à cela que se bornèrent les actes de conservation dont ils se sont enorgueillis.

Plus d'un a dû le regretter, car on y avait passé de bons momens et de joyeuses soirées. On narguait la réaction, et l'on prenait l'heure comme elle venait; on savait bien qu'il y avait quelque part un Versailles grognon et malveillant; on se doutait bien que l'on y rassemblait des hommes qui troubleraient la fête; mais baste ! la vie est courte, et il faut savoir l'égayer. Que de charcuterie ! que de bouteilles ! que de franches lampées ! partout, dans cet Hôtel de Ville, devenu une gargote doublée d'un mauvais lieu, partout, dans la cour d'honneur, dans la salle du trône, dans la grande salle des fêtes où campaient les Lascars, qui plus tard s'appelèrent la compagnie de l'Étoile, sur les escaliers, dans les caves et dans les combles, on buvait, on chantait, et parfois le bruit des ripailles allait, jusque dans leur salle de délibération, troubler les méditations des membres de la commune. Ah ! c'était le bon temps ! Dans le jour, on recevait volontiers les servantes sans place, les ouvrières sans ouvrage et surtout sans profession; on les retenait à dîner et elles s'asseyaient, sans façon, à la cantine côte à côte avec les fédérés, et l'on n'était pas trop sévère. Plus tard, on entendait crier: " Allons ! la patrouille de minuit ! "Une escouade sortait en armes et revenait bientôt ramenant des prisonnières faites dans des maisons que l'on connaissait. Si le vieux Mathurin Régnier " craint du chaste lecteur "était encore de ce monde, il pourrait seul raconter ce qui se passait alors. Il en était de même un peu partout; la commune n'avait-elle pas promis d'être une époque de régénération ?

II. - La direction des domaines.

La commune avait cependant pris ses précautions et essayé de centraliser " le service "des réquisitions dans une seule administration, dans celle des domaines, où elle avait nommé Jules Fontaine en qualité de directeur. Fontaine avait des droits à la bienveillance communarde, et ses titres n'étaient point à dédaigner. Il me produit l'effet d'un déclassé qui a pris la mauvaise route et s'en est allé insensiblement jusqu'à la fondrière. Il n'était plus jeune; il avait alors cinquante-quatre ans. Il donnait des leçons de mathématiques aux lycées Saint-Louis et Bonaparte, mais en réalité il vivait dans les sociétés secrètes, conspirait, et semble avoir eu pour spécialité politique de fabriquer ces bombes portatives que l'attentat d'Orsini avait mises à la mode dans le monde révolutionnaire. Il était mêlé à un complot avéré sous la fin du second empire; il fut au nombre des accusés qui comparurent devant la haute cour siégeant à Blois, et le 8 août 1870 il s'entendit condamner à quinze ans de réclusion. Le gouvernement du 4 septembre s'empressa de le remettre en liberté et lui offrit une préfecture en guise de compensation; Fontaine refusa, car on ne put le nommer dans le département d'Indre-et-Loire où il eût voulu être envoyé. Dans ce fabricant de bombes destinées à l'assassinat, dans cet ancien condamné, la commune reconnut facilement un des siens, et le nomma (9 avril) directeur général des domaines et du timbre, conservateur du matériel de l'ancienne liste civile, et enfin (7 mai) séquestre des biens du clergé. Un mot assez drôle, que j'ai entendu, résume nettement ses fonctions. Un de ses employés disait: " Le citoyen Fontaine est confiscateur en chef. "Il a, dans l'histoire de la commune, une certaine notoriété due à la destruction de la maison de M. Thiers, destruction qu'il a toujours persisté à appeler " un déménagement."

Le directeur de la Monnaie, Camélinat, acceptait volontiers les pièces de vaisselle plate, les couverts qu'on lui envoyait; il les faisait jeter en fonte, et détruisait ainsi souvent des objets d'art dont la façon valait plus que le métal. Ceci lui importait peu; égalité de la cuiller d'étain, fraternité de la gamelle, cela convenait à la commune; mais Camélinat regimbait lorsqu'on lui apportait des étoffes d'or et d'argent, qui exigeaient un travail difficile pour être réduites à l'état purement métallique. A la date du 2 mai, il écrit: " Citoyen Fontaine, gardez donc dans les magasins des domaines toutes les chasubles et autres oripeaux que vous pourrez trouver parmi les objets saisis et déposés à l'ex-préfecture de police ou autres administrations; plus tard on s'occupera de leur transformation suivant les intérêts de la commune. Le directeur de la Monnaie: CAMELINAT. "Ceci ne paraît pas avoir été du goût de Jules Fontaine, qui, dans la destruction des objets sacerdotaux, trouvait sans doute tout bénéfice pour la libre pensée et pour la caisse de la commune; il insista, ne put parvenir à vaincre les objections de Camélinat, et finit par s'adresser au comité de salut public dont il obtint gain de cause: " Paris, le 10 mai 1871. Autorisation est donnée au citoyen Fontaine, directeur des domaines, de faire brûler à la Monnaie, et d'accord avec le citoyen Camélinat, les chasubles et oripeaux enlevés dans les différentes églises et renvoyés actuellement au garde-meuble. Le membre du comité de salut public: ANTOINE ARNAUD. "La langue de la commune est pauvre, et le mot oripeaux s'y répète souvent. C'était là, il faut le reconnaître, une mesure bien plus politique que financière, et l'on se plaisait à brûler le vêtement du prêtre avant de tuer le prêtre lui-même. ?

III. - La propriété.

L'abbé était aux mains des fédérés, mais l'expédition durait encore, car le pillage n'était pas terminé; on le compléta. On empaqueta toutes choses avec soin, on fit venir un fiacre, - attelé d'un cheval gris, - et le commissaire de police s'éloigna avec son butin. Les hommes retournèrent au poste. Battou était si outrageusement chargé de victuailles qu'un lieutenant nommé Crépieux le traita de voleur et lui fit rendre gorge. Malheureusement pour lui, Battou conserva les bagues, et, avec une imprudente galanterie, il en fit cadeau à sa femme. Une de ces bagues était un anneau orné d'un diamant qui valait environ 500 francs. La femme Battou l'engagea au mont-de-piété pour cent sous. Lorsqu'elle fit opérer le dégagement par son amant, auquel elle avait donné la reconnaissance, on fut surpris de la modicité du prix, qui n'était pas en rapport avec la valeur du nantissement. On fit une enquête; chez la Battou, l'on découvrit une bague chevalière en or, gravée aux initiales G. D., - George Deguerry, - on suivit la piste et l'on put mettre la main sur onze individus, - dont sept furent condamnés, - qui avaient participé au pillage du presbytère de l'Assomption. C'est là ce que sous la commune on appelait exécuter les mandats d'amener de la sûreté générale.

C'est à Neuilly, dans l'église dévastée, que l'on avait enlevé des bannières de confrérie, bannières de couleur, ornées de dessins allégoriques, que l'on promena consciencieusement dans Paris, afin de prouver aux Parisiens que M. Thiers soldait des troupes étrangères pour combattre la commune, parce que l'armée française se refusait à marcher contre " ses frères du prolétariat."

IV. - La liberté individuelle.

Est-ce donc l'effervescence du combat, la folie de la poudre, comme disent les Arabes, qui a entraîné ces hommes au meurtre ? lorsque la grande surexcitation a pris fin avec le combat, se sont-ils repentis ? Le lundi 28 mai, alors que la lutte est terminée, que les coupables se cachent, que les soldats exaspérés de tant de crimes ne font pas grâce, Rouillac, celui qui a porté le coup mortel, déjeune dans un petit restaurant situé rue du Pot-de-Fer, n° 13. On parle du massacre des dominicains; il dit: " C'est mon bataillon qui a fait cela, j'y étais. "Puis, complaisamment, il raconte l'assassinat de Dubois: " J'ai grimpé l'escalier quatre à quatre, je lui ai flanqué un coup de fusil; il y avait là des camarades; mais je n'ai pas eu de chance, ce n'est pas moi qui ai mis la main sur le picaillon (l'argent). "Il était en veine de confidence: " A

Neuilly, un jour, nous avons cassé la tête à un jardinier nommé Rouy, dans une belle maison. J'ai eu pour ma part un manche à gigot et d'autres objets en argent; avant de partir, nous avons brûlé la baraque. "C'est peut-être là, après tout, le dernier mot de la commune; les explications données par le jeune Rouillac sont très concluantes et fort claires. Elles sont supérieures aux divagations par lesquelles les défenseurs de cette sanie sanglante ont essayé de l'expliquer. Mettre la main sur le picaillon et voler le manche à gigot, c'est quelque chose, et, quoique cela soit insuffisant pour justifier la longueur de la révolte, ça aide à la faire comprendre.

MAXIME DE CAMP.

LES LIBRE-PENSEURS

I. - La liberté de la presse.

La raison du plus fort est toujours la meilleure.

Ne pouvant faire autrement, il se résigna à voir saisir les exemplaires et obtint, non sans quelque peine, que les casses et les presses ne seraient pas brisées. Lorsque les plieuses arrivèrent, on leur interdit l'entrée de la maison, où, tout le jour, un piquet de fédérés se tint en permanence. Les conservateurs furent très irrités; quelques-uns d'entre eux cependant étaient d'âge à se souvenir qu'à la journée du 13 juin 1849, au moment ou Ledru-Rollin passait difficilement à travers un vasistas, des gardes nationaux de l'ordre, comme l'on disait alors, s'en allèrent renverser les casses du journal le Peuple qui leur déplaisait, - ce qui tendrait à prouver que les partis les plus opposés tombent invariablement dans les mêmes sottises lorsqu'ils n'écoutent que les conseils de leur passion et qu'ils s'imaginent naïvement que l'absence de contradiction leur permettra d'avoir raison. Erreur profonde dont l'expérience si souvent renouvelée en notre pays n'a jamais fait revenir personne !

II. - La liberté de conscience.
Dans les premiers temps de la commune, on se contentait d'envoyer des fédérés dans les églises; ils y arrêtaient les prêtres, cassaient les vitres, mettaient les aubes par-dessus leur vareuse, dansaient devant l'autel, et rapportaient à la sûreté générale ce qu'ils n'avaient point gardé pour eux. Il y eut là des abus, comme put le dire sérieusement un des fantoches de l'Hôtel de Ville, des abus auxquels on trouva sage de remédier. Dès lors on délégua un commissaire de police spécial qui dut faire la perquisition, une saisie, un

procès-verbal. C'est ce qui s'appelait agir régulièrement et en conformité aux prescriptions de la loi; car il est à remarquer que jamais on ne prostitua plus les mots loi, légalité, qu'à cette époque qui fut, du premier au dernier jour, la violation permanente et résolue de la légalité et de la loi. J'ai sous les yeux le procès- verbal, en date du 18 mai 1871, dressé par le commissaire de police du quartier Vivienne et contenant le détail des objets " saisis "à l'église Notre-Dame-des-Victoires; c'est très bien fait, sauf que les nombres sont écrits en chiffres et non pas en lettres, ce qui peut permettre les surcharges. On relate minutieusement les croix, les médailles, les calices, les titres de rente trouvés dans l'église et dans la sacristie; on a même soin d'indiquer " un médaillon antique forme moyen âge. "L'acte est signé par le " commissaire aux délégations: Le Moussu, "et par quatre témoins. La nomenclature est complète, mais elle ne contient pas le nom des vicaires arrêtés, incarcérés et qui plus tard réussirent à sauver leur vie à la Grande-Roquette en résistant aux assassins conduits par Isidore François et par Théophile Ferré.

III. - Les congrégations religieuses.

IV. - Les mystères de Picpus.

Jamais plus impudente mystification, jamais mensonge plus effronté ne fut offert, avec un tel concours d'intentions perverses, à la crédulité des badauds. Une maison religieuse, à la fois couvent, pensionnat, école, infirmerie et refuge, connue, presque célèbre dans toute la bourgeoisie parisienne, fut dénoncée, avec pièces à l'appui, comme un repaire de brigandage et de luxure. Le souvenir des crimes de Mingrat, de Lacolonge, de Contrafatto, la lecture des petits romans a libres penseurs, "ont pu entraîner la foule ignare a ne pas rejeter avec mépris ces calomnies malsaines; mais que penser des membres de la commune, - Rigault, Protot, - qui les ont inventées, et que penser surtout des journalistes qui les ont propagées en les aggravant ? Cette histoire mérite d'être racontée avec quelques détails, car elle éclaire la commune et en montre le fond.

Fenouillas n'aimait pas les congrégations religieuses, et il y en a beaucoup dans le XIIe arrondissement; il résolut de leur livrer bataille. Dans ces expéditions, qui ne furent pas sans profit, il eut pour auxiliaires Clavier, commissaire des quartiers de Picpus et de Bel-Air, Girault, un polisson de dix-neuf ans qui faisait fonction d'inspecteur de police, Pontillon, employé à la mairie, et le brave capitaine Lenôtre. Dans les grands jours, Raoul Rigault, délégué à la sûreté générale, et Protot, délégué à la justice, daignaient venir dans ces quartiers lointains et s'assurer par eux-mêmes de la réalité, de la gravité des crimes inventés. L'objectif était le couvent des sacrés coeurs de Jésus et de Marie, composé de deux maisons voisines, mais distinctes, l'une occupée par des religieux surnommés les picpuciens, l'autre habitée par une assez nombreuse communauté de femmes connues, à cause de leur costume, sous le nom de dames blanches. Clavier, ayant près de lui Girault, marchant sous les ordres de Fenouillas, accompagné de Pontillon et de Lenôtre, à la tête d'un peloton de fédérés, se dirigea sur le couvent le 12 avril et l'envahit. On prit tout ce que l'on put prendre. Les religieux furent envoyés à la Conciergerie, les dames blanches furent gardées à vue. Fenouillas, Clavier et ses acolytes, mis en appétit par cette victoire, se firent servir à dîner, réquisitionnèrent du vin dans les cabarets des environs, adressèrent quelques invitations à des dames habitant les maisons situées près de la barrière du Trône, et trouvèrent que la vie a de bons momens. Ce n'était que de l'arbitraire, ce n'était que de la débauche; c'était l'oeuvre journalière de la commune, et il n'y aurait pas à en parler, si dans le couvent des dames blanches on n'avait fait quelques découvertes intéressantes.

Beaucoup de faits analogues se sont produits qu'il faut, par réserve, passer sous silence. Le côté immoral de la commune, qui fut excessif, ne pourra jamais être publiquement dévoilé. A la préfecture de police, dans les ministères, dans bien d'autres endroits qu'il est superflu de désigner, à l'Hôtel de Ville même, il y eut des actes tellement scandaleux que l'on ne peut y faire allusion; toutes les impudeurs et toutes les cruautés s'étalaient sans contrainte. Les femmes, je dois le dire, étaient plus effrontées que les hommes, et c'était quelque chose d'absolument extraordinaire d'entendre ces créatures parler, en hochant la tête, des moeurs du clergé. Aux jours de la Genèse, Paris eût été foudroyé; mais le feu du ciel n'eut pas à tomber, le pétrole a suffi.

Si le courage de ces jeunes gens n'avait arraché Notre-Dame à l'incendie préparé, il est probable que les apologistes de la commune, qui sont, comme l'on sait, gens véridiques, n'auraient pas manqué de dire que la vieille basilique avait été brûlée par les chanoines empressés d'ensevelir à jamais les traces de leurs crimes. Que l'on ne croie pas que je plaisante; c'est ainsi que les communards ont écrit leur histoire. Le ministère des finances et la cour des comptes ont été détruits par des administrateurs infidèles qui voulaient faire disparaître la preuve de leurs malversations; l'Hôtel de Ville a été miné et renversé par les hommes du gouvernement de la défense nationale, afin de mettre à néant quelques papiers qu'ils y avaient oubliés; la préfecture de police a été " flambée "par des agens secrets qui craignaient d'être découverts, et la rue de Lille a été incendiée par ordre d'une grande dame qui désirait se débarrasser d'une correspondance compromettante, qu'elle avait déposée chez un de ses amis. Se dire le peuple le plus spirituel de la terre et imprimer de telles niaiseries, c'est vraiment abuser de la permission d'être bête, mais c'est donner une suite naturelle au roman des mystères de Picpus.

MAXIME DU CAMP.

LES SOLDATS

I. - La délégation scientifique.

"Tuer deux cent mille Versaillais à la demi-heure, "c'est là un rêve dont la commune chercha obstinément la réalisation. Ce monde étrange, qui se disait révolutionnaire parce qu'il se savait meurtrier, se croyait scientifique parce qu'il eût voulu être exterminateur. Jamais plus folles songeries ne traversèrent la cervelle des alchimistes; chacun avait son projet, son plan, son invention; on était certain de ne pas se tromper, et c'est par-dessus les remparts que l'on criait: " Si M. Thiers est chimiste, il nous comprendra ! "S'ils n'ont point réussi complètement ainsi qu'ils se l'étaient figuré, ce n'est pas leur faute; ils ont sans marchander dépensé dans la confection d'engins nouveaux et terribles tout ce qu'ils avaient d'ardeur, d'illusion et d'ignorance. Avant Parisel, avant Avrial et Assi, le père Gaillard, cordonnier atteint de barricadisme aigu, avait proposé son plan. Dans la séance de la commission des barricades, présidée le 12 avril par Rossel, le citoyen Gaillard demande " que les égouts soient coupés dans le fossé et minés en avant de la barricade, "les barricades n'ayant d'autre but que de prouver à l'ennemi et à la population " que pour prendre Paris, il faudra le détruire, maison par maison. "On discute scientifiquement la question, qui se résume à découvrir le moyen le plus prompt et le plus énergique de faire sauter Paris. Après quelques pourparlers, on tombe d'accord: " La commune décide que la conservation des tuyaux du gaz et de l'eau sera assurée jusqu'au moment de l'attaque, aussi bien que celle des égouts qu'il n'est point nécessaire d'ouvrir pour les miner. Elle répudie absolument, comme trop lente, toute construction ou fouille de galerie de mine, mais elle admet que des fourneaux de mine seront faits au fond et sur le côté des égouts, et arrête ainsi qu'il suit leur position et leur charge: Premier fourneau à vingt mètres en avant du fossé, 40 kilogrammes de poudre; deuxième fourneau à douze mètres plus loin, charge 100 kilogrammes; troisième fourneau à douze mètres plus loin que le second, charge 100 kilogrammes, et ainsi de suite, si les circonstances le permettent. Chaque fourneau devra être amorcé séparément. "C'est à cela que Rossel, capitaine du génie, ancien élève de l'École polytechnique, occupait ses loisirs sous la commune.

II. - Les incendiaires.

Il y a bien longtemps que cette lugubre rêverie hantait les cervelles révolutionnaires. En 1848, avant la journée du 15 mai, un homme célèbre par lui-même et par le nom de son père, libéral de vieille date et républicain convaincu, alla voir Sobrier, qui alors inspirait une crainte dont on aurait souri pendant la commune, et tenta de lui faire comprendre qu'il était dangereux, pour la cause même de la liberté, d'effrayer la population raisonnable par l'étalage de doctrines violentes et presque terroristes; il ajouta que cette conduite impolitique pourrait faire naître une lutte dans laquelle le parti jacobin n'aurait pas le dessus. C'était prévoir et annoncer l'insurrection de juin. Sobrier écouta d'un air gouailleur les observations qui lui étaient adressées: " Baste ! répondit-il nous sommes deux cent mille, prêts à combattre. Si nous sommes vaincus, il nous restera une dernière ressource; "et prenant une allumette qu'il mit lentement sous les yeux de son interlocuteur, il ajouta: " Nous le brûlerons, votre chien de Paris. "Il s'en est fallu de bien peu que la prédiction de 1848 ne reçût accomplissement en 1871, car tout le monde s'empressa d'y concourir, les chefs et les soldats.

III. - L'armée fédérée.

Buvons à l'indépendance du monde.

Dans ce même rapport, je trouve uns indication qu'il faut noter: " Montrouge est assez calme; Hautes-Bruyères est de même. Trois hommes arrêtés pour avoir soi-disant mis le feu au château d'Arcueil; l'ordre fut donné par le commandant du 101e bataillon. "Le commandant du 101e bataillon, c'est Sérizier; les trois hommes arrêtés, et plus d'un avec eux, sont des dominicains qui doivent périr comme l'on sait.
A partir du 18 mai, les rapports se multiplient, très précis, très inquiétans. " Les Versaillais se massent, - les parcs d'artillerie s'approchent, - les tranchées sont à tant de mètres du fossé, - une attaque est imminente, - dans les villages situés entre Paris et la Seine, on dit que les Versaillais entreront demain, - on dit qu'ils entreront cette nuit. "Rien ne les réveille, ils dorment debout comme les fakirs de l'Inde perdus dans la contemplation de l'ombilic démagogique et social. Encore à l'heure qu'il est, après huit années, ils ne croient pas à leur défaite et ils s'imaginent très sincèrement qu'ils ont été

trahis. Oui, certes, trahis par leur ignorance, par leur infatuation, - et, disons le mot, - par leur bêtise. Aussitôt que les soldats français sont entrés, et que le premier mouvement de stupeur est passé, ils se retrouvent. Ils sont bien là sur leur terrain, sur le terrain des émeutes et des barricades, des machines infernales et de la lutte individuelle, où chacun est son propre stratège. Ils dirigeront d'abord leurs forces vers la circonférence, les ramèneront ensuite au centre et tiendront ainsi pendant sept jours avec une fermeté que jamais dans aucune circonstance ils n'ont montrée dans les combats d'avant-postes. Dès la nuit du 21 au 22 mai, les délégués se rendent dans leurs arrondissemens pour en diriger la défense, et il se produit alors un fait singulier d'où l'on peut inférer que chacun ne pensait qu'à son salut particulier et oubliait volontiers le salut commun. Chaque délégué écrit à la guerre pour avoir du secours, pour demander des hommes; l'arrondissement qu'il commande est le plus important, c'est celui-là qu'il faut défendre avant tout autre. - Delescluze alors, de sa fine et claire écriture, répond lui-même: " Paris, 3 prairial an 79. Citoyen, impossible de vous envoyer des troupes en ce moment. Le comité de salut public a nommé un colonel chargé de prendre le commandement supérieur de l'arrondissement. Vous aurez à vous entendre avec lui pour la défense. Faites l'impossible, ce n'est pas trop vous demander. Le comité de salut public compte sur vous. "Chacun, en réalité, fit de son mieux, c'est-à-dire fit le plus de mal qu'il put. Pendant toute cette bataille de sept jours, il n'y eut qu'une seule action vraiment militaire, la défense de la Butte-aux-Cailles par Wroblewski. Partout ailleurs, ce fut une série de rencontres où la stratégie communarde dévoila son incurable incapacité; partout, même dans les positions les mieux fortifiées, ils laissèrent tourner leurs barricades, comme s'ils n'avaient jamais imaginé qu'ils pouvaient être pris à revers.

La place n'est pas mauvaise, et elle peut convenir à plus d'un; mais il ne faut cependant pas se méprendre et attribuer à la démence ce qui appartient à perversité. Si quelques-uns ont marché sur la route qui conduit aux cabanons des fous furieux, c'est qu'eux-mêmes ont choisi cette route et qu'ils s'y sont engagés résolument sans écouter les avertissemens qu'on ne leur épargnait pas. Qu'il y ait eu parmi eux des monomanes, - Allix ou Babick, - nul n'en doute; ceux-là ont été inoffensifs. Si à la minute suprême les autres ont touché la folie de près, la faute en est à eux. Ils ont développé avec passion tous leurs mauvais instincts, ils ont fait volontairement appel à la violence, parce qu'ils refusaient d'acquérir par le travail ce qu'ils convoitaient; ils ont menti, sachant bien qu'ils mentaient; ils ont été intentionnellement cruels, ils ont été féroces avec préméditation. Leurs, actes de méchanceté ont été tels qu'ils ont pu faire douter de leur raison; mais l'excès dans la conception et l'exécution du mal est une maladie que les savans n'ont point encore déterminée; elle porte un nom en morale cependant et s'appelle l'envie; ceux qui en sont atteints sont responsables.

IV. - Le patriotisme.

Aussitôt que les troupes françaises, poussées en hâte sur Versailles, ont abandonné Paris à la révolte, celle-ci se tourne avec humilité du côté des Allemands et leur fait toute sorte de protestations. Grêlier, délégué du comité central au ministère de l'intérieur, déclare que le nouveau gouvernement de Paris n'a pas à se mêler des conditions de la paix, et le délégué aux relations extérieures s'empresse de notifier que l'on fait la guerre à Versailles et non point à l'Allemagne. En arriver là un mois à peine après le serment du 24 février, c'est assez misérable; mais la commune ne devait pas s'arrêter de sitôt; elle a bu sa honte jusqu'à la nausée. L'Allemagne n'avait qu'un signe à faire, elle était obéie, et le ministre des États-Unis, M. Washburne, qui la représentait diplomatiquement depuis la déclaration de guerre de juillet 1870, n'eut jamais à insister pour obtenir immédiatement de n'importe qui, - Rigault, Gournet, Ferré, Protot, - la mise en liberté des prisonniers qu'il réclamait au nom de leur nationalité allemande, lorraine, alsacienne plus ou moins prouvée. On ne s'en tint pas là; des religieuses hollandaises incarcérées à Saint-Lazare furent immédiatement relâchées parce qu'elles se donnèrent pour Allemandes. A cet égard, on n'a aucun reproche à adresser aux hommes de la commune, ils respectèrent avec une ponctualité rare le droit des gens représenté par l'Allemagne, campée à Saint-Denis et installée dans les forts du nord.

Que se passa-t-il alors ? Il est difficile de le savoir d'une façon précise. Un certain Merlet, spécialement chargé du service du génie, aurait tout préparé pour faire sauter le fort. Tonneaux de poudre placés dans les souterrains, reliés entre eux par des fils électriques. Les fils auraient été coupés par un portier-consigne, et le château eût ainsi échappé à une destruction imminente et certaine. Le seul fait que je puisse affirmer avec certitude, c'est que Merlet fut arrêté par des employés réguliers du fort, enfermé, et qu'il se brûla la cervelle. Le 28 mai, dans la soirée, Faltot, sommé une dernière fois de se rendre, apprit que l'armée de réserve commandée par le général Vinoy allait remplacer les troupes allemandes dans la ville de Vincennes et commencer l'attaque régulière. Il réunit alors ses officiers en conseil de guerre; de la délibération sortit la lettre que voici et que, comme l'on dit, tout commentaire ne ferait qu'affaiblir. Je la donne textuellement; Faltot l'a peut-être dictée, mais à coup sûr il ne l'a pas écrite, car il ne manquait pas d'une certaine littérature et jamais il n'eût commis les fautes d'orthographe que le lecteur va pouvoir apprécier:

C'est ainsi que devaient finir les hommes de la fédération, de la guerre à outrance et des sorties torrentielles: à plat ventre devant l'ennemi.

C'est là le dernier acte, le testament de la commune; il la complète et lui donne sa vraie physionomie. Traître au pays jusqu'à la minute où elle expire, préférant tout à la France, dont elle n'a pu s'emparer. Les Allemands rejetèrent sans même y répondre la proposition du citoyen gouverneur. Dans la matinée du lundi 29 mai, le lieutenant-colonel Montels, à la tête de quelques hommes, fit mine d'attaquer le fort dont les portes semblèrent s'ouvrir d'elles-mêmes. Pendant que Faltot essayait d'introduire les Prussiens dans une place qu'ils n'avaient aucun droit d'occuper, et offrait ainsi la mesure du patriotisme de la commune, les chefs de l'insurrection, loin de suivre les généreux conseils de Rastoul, abandonnaient leurs soldats et fuyaient pour se soustraire aux arrêts mérités de la justice. Parmi les membres de la commune, bien peu eurent à s'asseoir sur la sellette des conseils de guerre; la plupart ont pu se réfugier à l'étranger, y porter leur rancune et y formuler leurs projets de revanche. Le repentir, ou simplement le regret, les a-t-il pénétrés ? J'en doute; les programmes qu'ils ont délibérés nous prouveront bientôt que ni la défaite, ni le châtiment, ni l'indulgence ne sont parvenus à modifier ces hommes, qui resteront des révoltés tant qu'ils ne seront pas des maîtres.

MAXIME DU CAMP.

LA REVENDICATION

I. - Les accusés.

Si cette lettre est sincère, elle prouve que Sérizier a subi un entraînement irrésistible lorsqu'il a été jusqu'au bout de la voie criminelle qu'il avait, pendant une lueur de bon sens, eu l'intention d'abandonner; mais, en présence de l'énormité des forfaits commis, une telle supposition n'est guère admissible; il est bien plus probable que Sérizier a voulu, le cas échéant, se ménager un " certificat de bonne conduite, "une attestation considérable, qui plus tard pourrait l'aider à atténuer les sévérités de la justice. Il n'y réussit pas, car il fut condamné à mort et fusillé. A l'heure suprême, l'orgueil du sectaire reparaît. Le 25 mai 1872, au moment de partir pour le plateau de Satory où l'attend le peloton d'exécution, à quatre heures et demie du matin, il adresse encore une lettre au général Chanzy. Cette lettre est voulue, réfléchie, théâtrale. On la dirait écrite par un homme qui croit sérieusement parler à la postérité: " Je meurs pour la cause du peuple pour laquelle j'ai toujours vécu; je meurs avec la douce satisfaction d'être innocent... Soldat du peuple, je meurs en soldat et vous prie de ne pas oublier celui qui se dévoua pour vous. Je vous salue avant de mourir. "- Qu'est-ce que l'incendie de quelques tapisseries, qu'est-ce que le meurtre de pauvres prêtres enseignans pouvaient faire à la cause du peuple ? Ces deux lettres ne laissent aucun doute sur l'homme qui les a composées; la première est hypocrite, la dernière est mensongère. Je viens de relire le procès de Sérizier; jamais témoignages plus unanimes n'ont accablé un criminel. Cette phraséologie dramatique fait partie intégrante du bagage révolutionnaire. Ferré n'en a-t-il pas appelé à la postérité avant de mourir ?

Celui dont je viens de parler ne fut pas le seul auquel on facilita le moyen d'obtenir une condamnation platonique. M. Thiers disait: " Puisqu'ils partent sans esprit de retour, il vaut mieux les laisser partir. "Quelques-uns des grands coupables contre lesquels l'opinion publique était le plus irritée se promenaient parfois impudemment dans Paris, comme si l'impunité leur eût été promise ou assurée. Le samedi 8 juillet 1871, passant rue Turbigo avec Amédée Achard, nous nous arrêtâmes stupéfaits l'un et l'autre en apercevant Félix Pyat paisiblement assis dans un fiacre. Celui-là ne quitta Paris que plusieurs mois après la défaite de la commune, et il a pu recommencer des ballades à " la petite balle, "semblables à -celle que Grômier, ancien zouave pontifical, futur membre du comité central, lut le 21 janvier 1870 à Saint-Mandé, au dessert du banquet commémoratif de la mort de Louis XVI, banquet annuel que ces gens-là nomment le banquet de la tête de veau. Non-seulement on ne les arrêtait pas avec trop de persistance, mais on prenait soin de signaler leur départ; la dépêche suivante a existé: " N. s'est heureusement embarqué aujourd'hui pour Newhaven."

II. - Les contumax.

Aux barricades ! feu ! levons-nous prolétaires !
L'éclatant drapeau rouge enflammera mos coeurs;
Qu'on les détruise tous, bourgeois, propriétaires,
Car il faut qu'à tout prix nous en soyons vainqueurs !

Les vers ne sont pas bons, mais l'intention en est excellente, quoiqu'ils n'aient point été improvisés dans un accès de fièvre obsidionale.

Et toi dont l'oeil nous luit à travers nos ténèbres,
Nous t'évoquerons, ô Marat !
Toi seul avais raison: pour que le peuple touche
A ce port qui s'enfuit toujours,
Il nous faut au grand jour la justice farouche
Sans haines comme sans amours,
Dont l'effrayante voix plus haut que la tempête
Parle dans sa sérénité,
Et dont la main tranquille au ciel lève la tête

Prudhomme, c'est la bourgeoisie, à laquelle on en veut furieusement en prose comme en vers. En autre poète, qui s'intitule modestement un franc-tireur déporté, et qui date la Sanglante comédie; poème historique, du fort de Quélern (septembre 1872), promet à courte échéance:

…. Un peuple, au grand jour, poursuivant de sa haine
La race de Caïn dans le dernier bourgeois.

Ceux qui sont libres, ceux qui sont détenus, aspirent au même idéal: détruire toute une classe de la société dont ils se sont expulsés eux-mêmes par fainéantise, où ils n'ont pas le courage de rentrer par le travail. Les malheureux qu'on a entassés sur les pontons, en attendant que la justice ait pu les appeler devant elle, savent tromper toute surveillance et retombent dans les habitudes invétérées où ils se sont perdus. A bord du transport l'Yonne, en rade de Brest, le 20 août 1871, un jour de grande représentation théâtrale, où les insurgés, travestis en acteurs, donnaient la Mort d'Abel, poème tragique en un acte, par E. Gheisbreght (c'est Amouroux), et les Amoureux de Claudine, par A. Baily, on découvrit que la plupart d'entre eux avaient réussi à former une société secrète avec mots de passe et signes de ralliement, qu'ils appelaient: la Libre Pensée. Cette société aurait pu avoir pour " organe "un journal dont j'ai vu un numéro pendant la commune et qui était intitulé: l'Athée, journal des intérêts matérialistes, car dans leurs théories sociales ils suppriment Dieu, qui cependant ne les gêne guère, puisqu'ils se conduisent comme s'il n'existait pas.

III. - Les programmes.

Dans toutes les histoires de la commune inventées par les communards, on trouve une prodigieuse quantité d'élucubrations pareilles; sous prétexte de montrer qu'ils étaient des hommes politiques, ils imaginent les conceptions les moins probables et les prêtent sans sourciller à leurs adversaires. Non-seulement ils interprètent les intentions d'autrui, mais ils interprètent également des faits sur lesquels nul doute ne peut subsister, et ils donnent à la réalité d'impudens démentis. C'est Benoît Malon qui le premier, dans la Troisième défaite du prolétariat français, tâche de propager et d'imposer une fable réellement trop invraisemblable et dont déjà nous avons fait justice. D'après lui, M. Washburne, ministre plénipotentiaire des États-Unis d'Amérique, aurait offert le 25 mai son intervention à Delescluze auprès des autorités allemandes afin d'obtenir une suspension d'armes et le salut des membres de la commune (p. 455). Le mensonge est flagrant, et puisque Benoît Malon était à la mairie du XIe arrondissement, il aurait dû mieux savoir ce qui s y est passé.

Les contumax qui ne partagent pas les opinions du groupe de la commune révolutionnaire dont Eudes est le chef, - le dictateur, - ne furent point satisfaits de ce manifeste, que l'on jugea peu politique et fort intempestif. Il y eut du bruit dans le Landerneau de la " proscription "et l'on fut très mécontent de voir ainsi mettre imprudemment au jour les projets que l'on mûrissait, et dont il était inutile de faire part aux réactionnaires. Gabriel Ranvier, La Cécilia, Cluseret, s'en mêlèrent et traitèrent " le général "Eudes avec fort peu de déférence; Vermesch dit un mot assez drôle: " Ils sont trente-trois dans la commune révolutionnaire, c'est fâcheux; s'ils étaient quarante, on y chercherait Ali-Baba ! "D'une lettre écrite à propos de cette proclamation par un homme qui a joué un rôle important sous la commune, j'extrais le passage suivant: " Le programme des trente-trois est la fusillade et l'incendie... en paroles; leur but, faire peur aux bonnes d'enfans; le résultat, le seul du moins appréciable, le ridicule et l'odieux jetés sur toute la proscription de 1871. Ce résultat leur est-il payé, ou n'est-il dû qu'à leur outrecuidante sottise, c'est ce que l'avenir nous apprendra. "Je trouve cette lettre sévère; Eudes et ses acolytes racontent simplement ce qu'ils ont fait, pour mieux dénoncer ce qu'ils feront. Ils ont eu toute la commune pour complice, du 22 au 28 mai; ils ont la bonne foi de le dire, c'est maladroit, j'en conviens, mais ceux qui les blâment aujourd'hui ne les ont point blâmés lorsqu'ils mettaient leur programme en action par " la fusillade et l'incendie."

IV. - Le quart-état.

Collectivistes, communards de France, démocrates-socialistes d'Allemagne, nihilistes de Russie, appellations diverses, tendances pareilles; eau de sel, acide muriatique, acide chlorhydrique, étiquettes différentes, même poison. Nous ne sommes pas seuls malades, et les autres nations ne se portent guère mieux que nous. Si ce sont nos défaites inattendues, une indemnité de guerre écrasante, l'amputation de deux provinces, qui chez nous ont déterminé le mouvement furieux de la commune, comment se fait-il que des victoires inespérées, une indemnité de guerre exorbitante, l'annexion de deux provinces, aient déchaîné en Allemagne la férocité des démocrates socialistes ? Le vieil empereur a réalisé le rêve du Vaterland; il a réveillé Frédéric Barberousse, qui depuis l'an 1190 dormait dans la caverne du Kyffhäuser. Il a enfin créé cette unité après laquelle l'Allemagne soupirait. Cela ne lui a pas fait trouver grâce devant les novateurs, à qui la patrie importe peu. Un docteur Nobiling a tiré sur lui comme sur un loup, parce que le ferblantier Hoedel l'avait manqué précédemment. Celui-ci, avant de monter sur l'échafaud, adonné son dernier souvenir aux grands initiateurs, aux hommes du 18 mars et du 24 mai; il a écrit: " La roue du temps broie tout sur son passage, vive la commune ! Il n'y a pas de ciel, vivat la France ! "Encore un martyr à placer dans le panthéon communard à côté de Ferré, de Rigault et de Fieschi. La commune a le droit d'être fière, elle a fait des élèves dignes d'elle, et qui sauront peut-être la surpasser un jour. Écoutez la petite chanson que l'on chante à Berlin, dans les salles publiques, lorsqu'on y offre des banquets à quelque député populaire. - " Ici le pétrole, là le pétrole ! - Pétrole partout. - Dans nos verres, versez-le jusqu'au bord. - Vive le pétrole ! - Nous sommes des pétroleurs - inconnus aux hommes, - nous rendons hommage au bon pétrole. - Ah ! comme il brûle - et comme il éclaire ! - Au fond du coeur du peuple, - le pétrole brûle en secret. - Vive à jamais le pétrole ! "C'est là rendre justice à la commune, et l'âme de Victor Bénot, l'incendiaire des Tuileries, a dû tressaillir de joie.

Ce n'est pas seulement l'Allemagne victorieuse, la Russie conquérante, maîtresse des Turcs, aux portes de Constantinople, presque à Sainte-Sophie, qui vivent sous la menace perpétuelle de l'assassinat systématique et de la désorganisation quand même; c'est l'Italie dont on essaie d'assassiner le roi; c'est l'Espagne, qui a aussi son régicide. En présence de ces crimes, les communards chantent hosannah, et disent: Les temps sont proches ! Ils applaudissent et croient que leur jour va venir; car il y a deux moyens de faire son chemin dans le monde, aider la société de tout son effort, ou la combattre de toutes ses forces. Ce dernier moyen, depuis quelques années, paraît être le plus rapide; il mène parfois à Nouméa, parfois au plateau de Satory, mais souvent au pouvoir. Cela est fréquent dans notre pays, qui oublie tout et n'apprend rien. - Si ces hommes-là sont des fous, comme le disent quelques aliénistes, ce sont des fous dangereux auxquels la camisole de force est indispensable.

MAXIME DU CAMP.